Seelenwege

Worte & Bilder

Christiane Beetz

Seelenwege

Worte & Bilder

Beetz, Christiane:
„Seelenwege - Worte & Bilder"

Bibliografische Information der Deutschen Nationalbibliothek:
Die Deutsche Nationalbibliothek verzeichnet diese Publikation in der
Deutschen Nationalbibliografie; detaillierte bibliografische Daten sind
im Internet über dnb.d-nb.de abrufbar.

Herstellung und Verlag: BoD - Books on Demand, Norderstedt
Hamburg 2019, ISBN 9783748146995

Inhaltsverzeichnis

ICH

Lebensfluss

Für viele Menschen
ist das Leben
ein relativ gerader Bach
mal breiter
und schneller strömend
wenn Aufregung
oder Leid
das Wasser aufwirbelt
dann wieder schmal
und ruhig
wenn der Alltag
gemächlich fließt
mein Leben
ist ein zerfurchter Fluss
ohne gerade Ufer
immer irgendwie strudelnd
aufgewühlt
von allem, was passiert
er gönnt sich keine Pause
lässt mich kaum
zur Ruhe kommen
wirbelt mich
durch die Tage
reißt mich mit sich fort
wie gern wäre ich
ein plätschernder Bach
doch dann wäre ich
nicht ich

Wäre ich eine Straße
würde man mich
verbieten
viel zu viele
Schilder
bevölkern die Gehwege, den Parkstreifen
die Straßenbeleuchtung ist kaum noch zu sehen
wenn ich wütend bin
zeige ich mein achteckiges Rot
Stopp – nicht weiter!
Fühle ich mich traurig
wird die Durchfahrt verboten
Wer es gut mit mir meint, darf unter dem Blau
des weißen P anhalten
Ich warne vor – Achtung!
Und doch verirrt sich so mancher in meinem
Schilderwald
umrundet den Kreisel in meiner Mitte
immer und immer wieder
und findet doch nicht die richtige Abzweigung
Ich rase durch das Leben
ignoriere das Tempolimit
130 – 150 – 180 – 200!
Wie auf einer Einbahnstraße fahre ich
in eine Richtung
und sehne mich doch so sehr nach einer
Wendemöglichkeit
Eigentlich bräuchte ich nur ein Schild –
ein kleiner Pfeil –
hier entlang geht es zu mir
und jemanden, der das kleine Schild auch findet

Wenn der Lärm
auf den Straßen
in den Häusern
die Stille bedeckt
wenn Hektik
die Menschen
zum Laufen zwingt
um Schritt zu halten
und nicht den Anschluss
zu verlieren
wenn die Gedanken
nicht schweifen können
weil sie
eingesperrt
in den Käfig des Alltags
nicht frei sind
dann spüre ich
mich nicht

durchlebe
die Welt als Pause
vom Ich
erst wenn
die Stille zurückkehrt
Ruhe sich ausbreitet
Raum gibt
für Eindrücke
Gedanken
Träume
können sich
Gefühle entfalten
die Begegnungen zulassen
ehrliche Begegnungen
dann öffne ich mich
lasse es zu
dass man mich sieht
wie ich wirklich bin
dann bin ich wieder
Ich

Spiegelbild

Ich schaue
in den Spiegel
sehe
ein Gesicht
das mir völlig
fremd ist
blicke
in zwei Augen
die mir
nichts
zu sagen haben
meine Gedanken
schweifen fort
bin mir so nah
30 cm
und doch
Meilen entfernt
ich frage mich
was ich
erwartet habe
von meinem Spiegelbild
von mir
bin
war ich das
gestern?
wann habe ich mich
verloren?

suchend
schaue ich
in das fremde Gesicht
erkenne
einzelne Züge wieder
tastend
erforsche ich
jeden Zentimeter
des Bildes
spüre
wie die Erinnerung
zurückkehrt
an mich
an die
die ich mal war
und wieder sein will
ich schließe die Augen
hoffe, dass ich
wenn ich sie wieder öffne
ein bekanntes Gesicht sehe
mich

Zerbrochen
mitten entzwei
an den Lasten des Alltags
den Bürden jeder Stunde,
die ohne ein Lächeln verging
den gesagten Worten
und denen, die wir uns ungesagt
an den Kopf warfen

Zerbrochen
fast nicht mehr tauglich
für die Anforderungen des Lebens
die unerfüllbaren Wünsche
die beschwerlichen Maskenspiele

Ich habe mein
Gleichgewicht verloren
kein Hoch
nur noch Tief
wie repariert man
zerbrochene Gefühle?

Blätterreigen

Blätter
fliegen hoch
wirbeln durcheinander
drehen sich im Wind
um sich selbst
um einander
ein Ballett aus
grünen und gelben und roten
Schönheiten
dann
ein Niedersinken
gemächlich zurück
auf den Grund
sich schichtend
zu einem Berg
aus dünnen, weichen Fächern
um dann erneut
wie in Ekstase
Höhenflüge
zu vollführen

Kreise ziehend
die Luft erfüllen
mit einem wilden Tanz
die Sinne verzaubern
berauscht bleibe ich stehen
staune
über das Farbenspiel
fühle mich
hineingezogen
in den wirbelnden Reigen
lasse mich fallen
spüre
wie sich mir
etwas offenbart:
das ist
Leben

Lasten tragen

Jede Stunde hat ihr Gewicht
erlebtes Glück
federleicht
lässt mir Luft zum Atmen
füllt meine Brust mit Freude
beschwingt genieße ich
einzelne Sekunden
wie einen ganzen Tag
laufe über Felder
wie der Mann auf dem Mond
nur ein paar Gramm
fast könnte ich abheben
Doch manchmal
fühlt sich das Leben
so schwer an
dann ist es
kaum zu ertragen
drückt auf mein Rückgrat
lässt mich wanken
unter der Last der Sorgen
macht das Atmen zur Qual
gefühlte tausend Meter
tief im Meer
dann wünsche ich mir
dass mich jemand
von der Last befreit
oder mir hilft
sie zu tragen

Zu viel
ist zu viel
zu viel
von vielem

zu viel Lärm
zu viel Stille
im Alltag

zu viel Farbe
zu viel Blässe
in meinen Gedanken

zu viel Wärme
zu viel Kälte
im Herzen

zu viel Genuss
zu viel Hunger
nach Liebe

zu viel Chaos
zu viel Ordnung
in meinem Leben

zu viel
ist einfach zu viel
und selten gut

aber wieviel
ist genug?

DU

Straßenführung

So schön
war es geplant
der Grund gelegt
mit guten Noten
der Lohn:
du wurdest
Streberin genannt
geteert, gepflastert
viele Jahre gelernt
fest betoniert
mit einer Anstellung
und gutem Gehalt
viel Arbeit
wenig Lob
so ist das
wenn man
nach oben will
doch dann bekam
der Asphalt Risse
die Straße bröckelte
du wurdest unsicher
hattest Angst
dass dich der Weg
nirgendwo hinführte
es kam dir in den Sinn
dass alles keinen Sinn machte
solange du
nicht glücklich warst

einer ging
ein anderer erschien
wie Bauarbeiter
versuchten sie
die Risse in deinem Asphalt
zu füllen
doch es half nicht
tief im Inneren
spürtest du
dass du die Straße
verlassen musst
um den richtigen Weg
zu finden
noch weißt du nicht
wohin es geht
es wird keine Autobahn sein
eher ein Trampelpfad
Geschwindigkeit
ist nicht wichtig
Hauptsache
die Straße führt dich
zu dir

Vereinzelt bewölkt
ist noch übertrieben
allein
schwebst du
durch das strahlende Blau
wehrst dich
gegen den Wind
der dich vertreiben will
als ob das möglich wäre
wagemutig ziehst du weiter
lässt dich nicht verschrecken
von der einsamen Weite
hoffst
dass du irgendwann
jemand triffst
der so ist wie du
Teil wirst
dich fallenlassen kannst
ganz und gar
aufgehst
im wogenden Weiß
des Himmels

Fenstergeschichten

So viele
Geschichten
hinter Fenstern
ich frage mich oft
wer dort wohnt
Menschen mit
ihren Erwartungen
ihren Enttäuschungen
ihren Hoffnungen
sie ist glücklich
über das Ziehen im Magen
wenn der Blitz, der sie trifft
so viel Schönes sagt
er schlägt die Tür zu
nach all den unbedachten Worten
den tiefen Verletzungen
Rückkehr ungewiss
ängstlich kauert sich das kleine Wesen
in die hinterste Ecke
versteckt sich vor denen
die es lieben sollten
schon viele tausend Male
streicht er über ihre
runzlige Wange
freut sich über jeden Augenblick
den sie noch bei ihm ist

lautstarke Diskussionen
Mülleimer wegbringen
Zahnpasta kaufen
Treppenhaus reinigen
wer ist dran?
so viele
erfüllte Zeiten
verschenkte Jahre
ersehnte Momente
und irgendwo
bist du
noch weiß ich nicht
hinter welchem Fenster
soll ich klingeln?
Wenn ich dich finde
werden auch wir
zu einer
Fenstergeschichte

Zornesrot
dein Gesicht
die Augen weit aufgerissen
Tropfen deiner Spucke
benetzen meine Haut
ich halte mir die Ohren zu
kaum zu ertragen
dein Gebrüll
groß wie Rübezahl erscheinst du mir
doch der war im Vergleich zu dir
sanft
vorsichtig sammle ich die Scherben auf
die aus Porzellan
und die in mir
habe Angst vor dir
und davor, dass auch ich Wut empfinde
ich will das nicht
will nicht so werden wie du

langsam hebe ich den Kopf
fange deinen stechenden Blick auf
lasse ihn an mir abprallen
denke an die Blumen auf der Wiese
an die guten Tage
an denen deine Hand
vorsichtig die meine hielt
aus Angst, sie zu zerbrechen
da lachten deine Augen
liebkosten mich
wenn sie mir zusahen
wie ich auf dich zulief
deine Arme fingen mich auf
hielten mich
beschützten mich
vor der großen, bösen Welt
und wer beschützt mich jetzt
vor dir?

LIEBE

Liebesrhythmus aus Tönen

Eine Beziehung ist wie ein Lied
meist beginnt es damit
dass man aufhorcht
etwas im Inneren wird berührt
die ersten Töne erklingen
vorsichtig
fast sanft
als wollten sie noch nicht
zu viel verraten
dann steigert sich
der Rhythmus
das Tempo
die einzelnen Noten
werden zu einer Partitur
Harmonie
der Instrumente
mit gelegentlichen Misstönen
das eine oder andere
Crescendo
doch sich immer wieder
findend
einzelne Strophen
Phasen des Lebens
doch manchmal
endend mit einer Fermate
der Ausklang einer Liebe
ein dunkles Moll
pianissimo
klingende Trauer

bis eine neue Melodie
ein neues Lied
heranreift
Instrumente wechseln
suchende zarte Töne
Akkorde sich finden
und der Rhythmus
wieder schlägt

Eine Stunde
nur mit dir
und sonst niemand
die Sonne lacht
wir erzählen uns
von anderen Stunden
die uns bewegten
Kindheitserinnerungen
steigen auf
Omas Augen
die mich anlächeln
als sie mir die Puppe schenkt
Papas Hand in meiner
als ich Schlittschuh laufen lerne
hinfalle
und wieder aufstehe
Onkel Hans mit weißem Bart
und der Rute in der Hand
doch ohne Angst
lache ich ihm ins Gesicht
während der große Bruder
sich versteckt
die Schultüte
in meiner Lieblingsfarbe
ich liebe orange noch heute
eine Zahnlücke blitzt in die Kamera
Stolz in den Augen
die Schneeballschlacht
in Omas Garten
mit der allerallerbesten Freundin

Schnee in der Socke
nach dem bezwungenen Berg
auch wenn als Bremse
der Hosenboden herhalten muss
erste Verabredung
erstes Herzklopfen
erste Nähe
erster Streit
erste Versöhnung
die Nacht am Strand
aus Liegen eine Burg gebaut
ein Schirm als Dach
das Meeresrauschen so nah
wie du
jetzt
rauscht ein Meer aus Blättern
der Wind bewegt die Äste
erste Tropfen fallen
und immer mehr
schnell sind wir durchnässt
wandern lachend
den Weg entlang
und schenken uns
eine weitere Stunde

Herbstliebe

Unsere Liebe war
pures Glück
strahlend
in prächtigen Farben
feuerrot
es brannte
in unserem Inneren
aufgeregt
ungeduldig
erwartungsvoll
lagen wir uns
in den Armen
kosteten
jede Sekunde aus
staunend
über all die Wonne
die wir empfanden
doch auf einen
strahlenden Herbst
folgte ein kalter Winter

wie das Herbstlaub
fielen meine Hoffnungen
auf die Erde
wurden zertreten
von Füßen
die sich um die
Schönheit der Blätter
keine Gedanken machten
nackt
stand ich da
farblos
lieblos
hatte alles verloren
nun warte ich
auf den Frühling
der mir
neue Blätter
neue Farben
neue Liebe
bringt

Wort und Tat
nie waren sie
weiter voneinander entfernt
als bei dir
Sätze
zuckersüß
schmachtend
Gefühle hervorlockend
buchstäbliche Zärtlichkeit
berauschende Nähe
ich wagte zu hoffen
auf mehr
und wurde doch
eingeholt
von dem
was du tatst
unterkühlt
verständnislos
für das
was in mir vorging
du hast dich
einfach umgedreht
und bist gegangen
warst du nur
auf Stippvisite
in meinem Leben?

Wie kannst du nur
so sein
so anders
von jetzt
auf gleich
Zärtlichkeiten ausgetauscht
sich steigernd
leidenschaftlich
berauscht
bis zum Gipfel
und dann –
ich muss los
verwirrt
liege ich da
immer noch
schwer atmend
während du
deine Socken suchst

Verloren
mitten in den vielen Worten
Gespräche
surren um mich herum
Stimmen
die lautstark diskutieren
Geschichten
die mich nicht berühren
dabei sein
und doch so weit entfernt
Gefühle
die in mir hochkriechen
aus längst vergangenen Tagen
schmerzhaften Tagen
von vermeintlichen
Niederlagen geprägt
Verluste
die mich trafen
Bemerkungen
die mich verletzten
Ausreden
Ausflüchte
Fluchten vor der Wahrheit
nicht wahrhaben wollen
verdrängen
und doch
schließlich erkennen
was falsch ist
nicht richtig läuft
noch heute
zieht es im Magen

bei der Erinnerung
an die Lügen
aus deinem Mund
Versprechungen
leer und unerfüllt
immer wieder hoffen
immer wieder enttäuscht werden
nichts dazu lernen
und sich darüber ärgern
dass man nichts dazu lernt
nicht die Kraft hat
nein zu sagen
zu gehen
das Kapitel zu beenden
das so schön begann
und so hässlich endete
so bleibt mir nichts
als zu warten
auf den Moment
in dem der Schalter in mir
umspringt
von Standby auf Aus
und die rote Lampe
mein Gefühl für dich
erlischt

Eiskristalle

Kälte
kriecht an mir entlang
Kristalle aus Eis
in meinem Inneren
Glättegefahr
ich habe Angst
den Boden unter den Füßen
zu verlieren
zitternd
stehe ich da
weiß nicht
ob die Brücke
aus dünnem Eis
uns trägt
Schritt für Schritt
wagen wir uns
aufeinander zu
hoffen
dass sich ein Funke entzündet
der uns wieder auftaut
das Eis zwischen uns
zum Schmelzen bringt
Raum gibt
für Begegnung
um sich aneinander
zu wärmen
und dem Winter
die Kälte zu nehmen

Am Boden

Tief unten
dicht am Boden
liege ich
Froschperspektive
viel kann ich nicht erkennen
ich habe Angst
nicht gesehen zu werden
zertreten von Füßen
die mich nicht wahrnehmen
denen ich nichts bedeute
irgendwie
verläuft mein Leben
genau
so
ich fühle mich
hilflos
werde überrollt
von einer Woge
aus Schmerz und Furcht
davor unsichtbar zu sein
sehnend blicke ich empor
sehe dich dort stehen

verzweifelt
angestrengt
versuche ich
mich bemerkbar zu machen
sinnlos
viel zu groß bist du
wie ein riesiger Baum
zu mächtig
nimmst so viel Raum ein
dass nicht mehr genug für mich bleibt
zitternd ziehe ich mich zurück
verstecke mich im Laub
meiner Gefühle
hoffend
verbringe ich meine Zeit
mit Warten
darauf
dass ich wachse

Unpassierbar

Unzugänglich
nicht passierbar
zugewuchert
von zu vielen Worten
die gefallen sind
zwischen uns
du hast dich verschlossen
lässt mich nicht mehr hinein
in den Garten deines Inneren
ich stehe vor der Tür
würde so gern
um zu dir zu gelangen
die Mauern deines Ich erklimmen
doch möchte ich dabei
die Pflanzen deiner Seele
nicht verletzen
viel zu oft haben meine Worte
unabsichtlich
deine Gefühle
mit Füßen getreten
nicht ahnend
dass jeder Schritt
die zarten Pflanzen
die zu wachsen begannen
wieder zerstörten
jetzt ist der Eingang versperrt
vergebens
suche ich eine Klingel
um mich bei dir

wieder anzumelden
ich kann nur hoffen
dass irgendwann
der Gärtner kommt
und mir einen Weg ebnet
zu dir

Was ich am meisten vermisse
ist nicht die Zeit
die wir miteinander verbracht haben
sondern die Zeit
die wir getrennt
und doch beieinander waren
in Gedanken waren wir uns näher
als in den Stunden
die wir nebeneinander lagen
Gefühle
die du in wunderschönen Worten
auf Papier
beschrieben hast
weit entfernt
und doch so nah
warum konntest du sie mir nicht sagen
als du hier bei mir warst

Was ich am meisten vermisse
ist nicht die Zeit
in der wir uns kannten
sondern die Zeit
in der wir uns kennenlernten
so neugierig
so forschend
so aufregend
tastend gingen wir aufeinander zu
suchten uns
fanden uns
brannten lichterloh
für einen wundervollen Augenblick
doch viel zu schnell
erlosch das Feuer
ganz nah
und doch so weit entfernt
die Worte auf Papier
versiegten
fragend bleibe ich zurück
mit einem Schwelbrand in mir
der sich nicht löschen lässt

Zu Grabe getragen

Trauernd
stehe ich vor der Leere
die sich klammheimlich
in mein Leben gegraben hat
unfreiwillig
widerstrebend
und doch
schicksalsergeben
trage ich
meine Gefühle
für dich
zu Grabe
nicht verstehend
was geschehen ist
blind
hatte ich darauf vertraut
dass das
was zwischen uns war
niemals endet

jetzt bin ich
aufgewacht
du bist fort
und mit dir
unsere Zuneigung
unser Verstehen
unsere Freundschaft
tief vergraben
im Erdreich der Veränderungen
deiner Veränderung
ich hingegen
bin stehengeblieben
bleibe zurück
sehe dir nach
wage nicht einmal mehr
zu hoffen
dass wir uns wiederfinden
kann nicht mehr
als trauern

Wir saßen
nebeneinander
die Füße im kalten Wasser
erzählten uns
von uns
von dem, was uns bewegt
schwärmten von
roten Mohnblumen
Weizen, der sich im Wind wiegt
lachten über
das Sommergewitter
das uns durchnässte
während wir
durch den Regen tanzten
dachten an
das bunte Laub im Herbst
und den ersten Schnee im Winter
wir träumten
von einem ganzen Jahr
und saßen
nur eine Stunde
beieinander
fühlten die Sonne auf der Haut
und die Wärme im Herz
kein Jahr kann so
gefüllt sein
mit Leben
wie diese
eine Stunde

Verästelungen

Wie ein Schatten
verfolgst du mich
greifst nach mir
umklammerst mein Herz
lässt mich nicht los
hast dich in meiner Seele
verästelt
schleichst dich durch
mein Inneres
dein lieblicher Nektar
verklebst meinen Verstand
kein klarer Gedanke möglich
Widerstand zwecklos
du hast Wurzeln
in mir geschlagen
lässt dich nicht
einfach ausreißen
wie Unkraut
sprießt du gerade dort
wo ich das gar nicht will
mit sanfter Gewalt
zerre ich an dir
versuche mich zu befreien
und spüre doch
wie du mich immer mehr
umschlingst
ich bin die Fliege
Venusfalle

Sommerschnee

Wie Schnee im Sommer
fallen die Blüten
meiner Gefühle
zu Boden
abgefallen
verstreut
hingeworfen zum Verwelken
einst zeigten sie ihre Schönheit
strahlend stolz stark
ganz in das Blühen und Wachsen vertieft
die Wärme der Sonnenstrahlen aufsaugend
glaubend, dass der Sommer nie endet
nicht ahnend, dass nichts bleibt
doch die Wettervorhersage hatte sich geirrt
Schnee stand nicht im Kalender
das Barometer fiel

und dann die ersten Blütenflocken
noch wehren sie sich
strahlen weiter
und werden doch
irgendwann
vom Wind fortgetragen
übrig bleiben
knorrige Äste
nackt
verletzlich
und doch vom tiefen Willen beseelt
wieder zu blühen
neu zu beginnen
und den Wetterfrosch
die Leiter
hochzujagen

Zärtlich
nahm er ihre Hand
strich sanft über ihre Finger
ihr Lächeln
berührte ihn im Innersten
ihre dunklen Augen
ließen ihn an Wunder glauben
in ihrem Blick
lag tiefes Vertrauen
viel tiefer
als er es je erwartet hätte
so unverfälscht und ehrlich
als gäbe es nichts
was sie trennen könnte
er wusste
die Zeit würde kommen
wo er sie gehen lassen muss
doch dieser Moment
gehörte ihnen
liebevoll hielt er sie
wachte
über das kleine Etwas
in seinem Arm
formte lautlos
in Gedanken
unausgesprochene Sätze
manchmal
braucht es keine Worte
um zu sagen
was man sich bedeutet
Herzgeflüster

ZAUBERORTE

Der Zauber der Ruhe
liegt über diesem Ort
ich schließe die Augen
lausche
bin ganz im Hören
Vogelgesang
ein Hund bellt
der Wind bläst
durch die Kronen der Bäume
lässt die Blätter
sich wiegend im Wind
rascheln
und sonst
nichts als Stille
fast verschlägt es mir den Atem
lässt mich starr werden
mein Inneres entspannt sich
das Herz schlägt
ruhig
wie ein Metronom
im Schneckentempo
lässt mich
mich selbst spüren
ich füge mich ganz
in das Wunder des Moments
in die Ruhe des Augenblicks
bin einfach nur
da

Blättersymphonie

Majestätisch
stehst du da
der Wind lässt dich erzittern
deine Blätter wiegen sich
im Atem des Windes
ein leises Rauschen erst
und wieder Stille
um sich zum Crescendo zu steigern
wie in einer Symphonie
flöten kleine Wesen
zauberhafte Töne dazu
auf deinen Zweigen sitzend
trägst du sie
ich lasse mich von dir halten
Kindheit wird wach
die Beine hoch in die Luft
Schwung holen
bis in den Himmel schaukeln
du lässt mich gewähren
fast ist es mir
als lächeltest du
wie alt du wohl bist?
lange vor mir
warst du schon da
und wirst noch lange nach mir bleiben
spielst deine Blättersymphonie
für andere
die wie ich
dir zu Füßen liegen

Zeiten voller Wunder
hast du erlebt
vor vielen Jahren
als du ein Kind warst
ein Haus randvoll mit Leben
Bilderbücher füllend
spielen im Sommer
sich wälzend im Gras
Baumkronen als Dach
Winterrodeln
Bart aus Schokolade
vom heißen Kakao
sich wärmend
aneinander
Menschen, die da waren
deine Hand hielten
als du dich ängstlich
unter der Decke verkrochen hattest
die Monster fürchtend
die nach deiner Seele griffen
auch später
als das Haus sich leerte
nach und nach
die Menschen um dich herum
gingen
und die Wärme aus Wolle
die Kälte der Nacht vertrieb
bliebst du da
und mit dir
das Gefühl
zuhause zu sein

Wunderklänge

Das Rauschen der Blätter
durchdringend erklingen
vom Wind getragene Melodien
Finger gleiten über Metall
und erzeugen
wohliges Schauern
hoch
und höher
schrauben sich einzelne Noten
lassen die Härchen im Nacken
sich regen
weich und zart
voller Gefühl
vereint sich
das Spiel der Flöte
mit den Klängen der Natur
dann tanzen sie gemeinsam
auf den Wellen des Windes
lassen sich treiben
verzaubern
werden gierig aufgesogen
ein Melodienreigen
aus wirbelnden Tönen
aufwühlend
seufzend
berührend
so viele Emotionen
in so wenigen Tönen
Wunderklänge

Vorsichtig taste ich mich
durch das dichte Astwerk
kaum erkennbare Schatten
huschen an mir vorbei
rascheln sich durch das Laub
meine Schritte hallen
durch die Stunden der Nacht
blauer Horizont verschwärzt sich
schwer atmend gehe ich weiter
bis sich vor mir
die Bäume wieder
als sie selbst zu erkennen geben
geschwind eile ich
in die Lichtung
verweile im Durchatmen
sauge die Klarheit des Erkennens auf
doch weiß ich wohl
dass ich nicht bleiben kann
allein im Nichts des Waldes
noch traue ich mich nicht hinaus
bleibe im Kegel
des Mondlichtes
genieße die Sicherheit
die sich in mir wiegt
bereite mich innerlich
auf den ersten Schritt zurück
in die Dunkelheit vor
schließe die Augen
sehe wieder mit den Händen
so lange bis der Tag
wieder die Nacht ablöst

Letzte Schritte durch den Garten
Erinnerungen tauchen in meinem Inneren auf
lassen mich stumm werden
Schneeglöckchen wachsen
wo sie wollen
durch den Rasen
brechen sich ihre Bahn
vom Wind bewegt
schütteln sie ihr weißes Haupt
als wollten sie nicht wahrhaben
dass es ein Ende gibt
mein Blick schweift
über das Laub
das vertrocknet auf dem Boden liegt
abgebrochene Zweige
zeugen von der Kraft des Windes
der an den Bäumen gezerrt hat
nur widerwillig
lösen sich meine Augen
von der Schönheit des Vergehens
vielleicht
weil ich nicht weiß
was danach kommt
zu klein noch
ist der Spalt der neuen Pforte
die sich gerade öffnet
ich ziehe die alte Tür ins Schloss
schließe die Augen
spüre die Sonne auf meinem Gesicht
und gehe los

GLAUBEN

Ich sehne mich
nach Ruhe
nach einer Pause
vom Denken
befreit von
Sorgen
Ängsten
Zweifeln
Wut
die in mir
wie ein Flächenbrand tobt
ich möchte
losgelöst
von meinen Gedanken
etwas in mir finden
das mich
aufatmen
Luft schöpfen
ausruhen lässt
ich sehne mich
so sehr

Manchmal
spüre ich dich
ganz nah
dann strecke ich mich
mache mich groß
und größer
versuche
dich mit ausgestrecktem Arm
zu berühren
blicke empor
suche deinen Blick
will dich am liebsten
zu mir herunter ziehen
dich festhalten
doch genau das
treibt dich wieder fort
wie Nebel verfliegt
so löst du dich
vor meinen Augen auf
entschwindest ins Nichts
niemand könnte dich
je erreichen
Ewigkeiten entfernt
und doch
dankbar
fühle ich
dass etwas
von dem Nebel
in mir
geblieben ist

Himmelwärts

Hoch hinauf
will ich
ganz
nach oben
will
die Wolken berühren
die endlose Weite erfühlen
was werde ich finden
dich
Ewiger?
Ich strecke mich
himmelwärts
sehnsuchtsvoll
dir entgegen
will deine Gegenwart spüren
werde ich dich
jemals erreichen?
treffen wir uns doch
auf halbem Weg

Versuchung

Iss mich
sagst du
ich schmecke gut
sagst du
wenn du mich verzehrst
dann weißt du alles
welch eine Versuchung
aber ich frage mich
ob ich das überhaupt will
doch die Neugier ist groß
ich will mehr
so viel gibt es noch zu entdecken
ich will
neue Erfahrungen machen
neue Gefühle erkunden
neue Wege gehen
auch wenn ich
nicht sicher bin
ob es gut für mich ist
aber wann
weiß man das schon
ich werde mich
von der Versuchung
versuchen lassen
auf der Suche
nach mehr

Herr, wie lange verbirgst du
dein Antlitz vor mir?

Ich suche dich
taste mich
durch das Dunkel
meines Inneren
meine Kehle
ist wie ausgedörrt
Worte formen sich
erst lautlos
bahnen sie sich ihren Weg

Aus der Tiefe rufe ich zu dir!

Schreie meine Wut heraus
bis mir schwarz wird
vor den Augen
und in meinem Kopf
so viele Fragen habe ich
doch du
antwortest nicht
verbirgst dich
hinter schwarzen Wolken

Schaue doch und erhöre mich!

Sprich mit mir
zeige mir
dass ich nicht
allein bin
lass mein Leben
wieder hell werden
bis dahin
taste ich mich
durch das Dunkel
auf der Suche nach
dir

Ein Streif am Horizont
mehr zeigst du nicht
von dir
verhüllst dich
in den Tiefen
deiner Unendlichkeit
lässt mich rätseln
über die Pläne
die du für mich hast
ich würde so gern
hinter die Wolken blicken
deine Gedanken erraten
wissen wollen
wie du mich siehst
doch wie eine Wand
steht das Dunkel des Himmels
vor mir
macht eine Antwort
unmöglich
sehnsuchtsvoll
strecke ich mich
nach dir
lasse mich vom durchbrechenden Licht
deines Daseins
anziehen
nur ein schmaler Strich

und doch
strahlt dein weißer Glanz
durch das Grau
lässt auch mich glänzen
dort
wo du mich
mit deinen Strahlen
berührst
Hoffnungsschimmer

Die Frau aus Samarien
eine Frau
noch dazu aus Samarien...
was will ER von ihr?
Wasser –
gibst Du mir Wasser?
Eine Frage.
Und weitere Worte.
Sie formen sich zu Sätzen,
werden ausgesprochen.
ER spricht mit ihr
mit ihr
einer Frau
wer ist ER?
Von lebendigem Wasser spricht ER
nie mehr Durst haben
ist ER vielleicht...
Gott wird überall sein
Worte wie Balsam
für eine weibliche Seele aus Samarien
ER ist es
der versprochene Retter
lauf schnell
sag es den anderen
ER ist es

ELFCHEN

Ein Elfchen ist ein kurzes Gedicht mit einer vorgegebenen Form. Es besteht aus elf Wörtern, die in festgelegter Folge auf fünf Zeilen verteilt werden. Die erste Zeile besteht aus einem Wort und benennt einen Gedanken, einen Gegenstand, eine Farbe, einen Geruch. In der zweiten Zeile wird das Wort aus der ersten Zeile mit nur zwei Worten etwas genauer beschrieben. Die dritte Zeile beantwortet mit drei Worten die Frage, wo sich das Wort befindet oder wie das Wort ist. In der vierten Zeile geht es um unsere eigenen Gedanken, mit vier Worten beschreiben wir, was wir über das Wort aus der ersten Zeile bzw. was wir zum Thema des Elfchens denken. Der letzte Vers zieht mit nur einem Wort ein Fazit, ein Ergebnis aus den vorangegangenen Zeilen.
Außer dem Zeilenaufbau gibt es keine Vorgaben für die Struktur. Wichtig sind nicht Reime oder ein festes Metrum, sondern Originalität und das pointierte Erzählen eines Ereignisses oder eines Zustandes.

Farben
sie leuchten
wollen zusammen tanzen
über die Leinwand hinaus
Einklang

Tanzend
sich wiegen
Seelen öffnen sich
lachende Herzen berühren sich
Lebensfreude

Leicht
im Wind
sich zärtlich umkreisend
wie zwei fliegende Farbtupfer
Liebesreigen

Kirschblüten
tanzen umher
lassen sich tragen
vom lauen warmen Wind
Reigen

Tropfen
für Tropfen
schwer fallen sie
auf die tanzenden Blätter
Sommerregen

Versunken
im Rauschen
des fallenden Regens
Tropfen auf schweren Blättern
benetzt

Kuss
noch einer
eine zärtliche Umarmung
und was kommt dann?
Mehr...

Wie
sehr sehne
ich mich gerade
nach einem Kuss von
dir

Still
warst du
nun wirklich nicht
eher ganz schön laut
Lust

Rot
Herz glüht
ich werde nervös
Schmetterlinge fliegen im Bauch
verliebt

Grün
blühende Welt
Natur bekennt Farbe
was will man mehr?
Freudentaumel

Flirrend
sich umkreisen
farbige Tupfer im
ewigen **Blau** des Meeres
Schönheit

Schwarz
wie tot
Gefühle gehen verloren
Traurigkeit bricht sich Bahn
allein

Schwarz
und weiß
Kästchen neben Kästchen
und immer im Wechsel
kariert

Grün
ein Baum
und noch einer
und viele andere dazu
Wald

Rot
Flammendes Feuer
wird zur Glut
ist aber noch heiß
Alter

Bücher
voller Poesie
oder echt spannend
manchmal auch mit Herz
Literatur

Zaghaft
sich berühren
scheue Blicke wagen
fast ängstlich aufeinander zugehen
Suchen

Gerade
sagst du
kein einziges Wort
doch ich verstehe dich
Nähe

Rau
und weich
sind deine Lippen
küssen ist so schön –
himmlisch!

Wortlos
schaue ich
auf das Foto
wie friedlich alles aussieht
Täuschung

Gestern
war alles
noch in Ordnung
heute ist alles anders
Vorbei

Ich
frage dich:
kannst du mir
sagen, was passiert ist?
Stille

Zerstreut
zerrieben und
zermürbt durch Gedanken
zerrissen von quälenden Gefühlen
zerbrochen

Endgültig
ist so
ein schwieriges Wort
wann ist unser Ende
gültig?

Wohin
führt mich
mein nächster Schritt?
Ich brauche dringend eine
Wegbeschreibung

Fragend
schaue ich
in den Spiegel
wo will ich hin?
Aufbruch

Simsalabim
Kinder lachen
Eltern freuen sich
der Zauberer ist konzentriert
Kaninchen!

Still
und starr
ruht der See
weihnachtlich glänzet der Wald
schön...

Still
und leise
und eher zart
kamst du zu uns
Bethlehem

HAIKU

„Haiku Gedichte sind zarte Aquarelle, die mit den Farbnuancen der Worte zu Papier gebracht werden." (Rüdiger Heins)

Ein Haiku ist eine traditionelle japanische Gedichtform, die heute weltweit verbreitet ist. Die Kunst bei einem Haiku besteht darin, einen Augenblick so komprimiert zu beschreiben, dass sich der Leser durch wenige Silben eine Situation vorstellen kann. Er besteht meist aus drei Zeilen mit siebzehn Silben (5-7-5), wobei sich die japanische Zählung der Lauteinheiten nicht einfach auf deutsche Silben übertragen lässt. Moderne Haiku-Schulen hinterfragen weltweit zudem nicht nur die traditionellen Formen, sondern auch manche Regeln der Textgestaltung und versuchen, neue Wege zu gehen. Die Texte drehen sich um einzelne Ereignisse, die tatsächlich erlebt wurden oder fiktional sein können, nicht um Beschreibungen über das innere Erleben oder den Zustand der Welt. Die Beschäftigung mit der Natur ist ein beliebtes Thema, ebenso wie Alltagsgeschehnisse und Momentaufnahmen.

Plötzlich sind sie da
erwachende Gefühle
wohin führt der Weg?

dein Blick sagt so viel
du bist besonders für mich
kann ich kaum glauben

Stille am Morgen
von ersten Sonnenstrahlen
zärtlich aufgeweckt

Zarter Flügelschlag
getragen vom Sommerwind
bunter Schmetterling

Wie Tränen auf Glas
Regentropfen auf der Haut
Trauer aus Wasser

Bunte Farbenpracht
Worte die mich berühren
Stilles Genießen

Seufzende Töne
ein Streicheln über Saiten
fließende Klänge

Rhythmische Klänge
sich bewegende Körper
verschmelzen im Rausch

Zwei Schmetterlinge
im Flug des Liebesreigens
tanzende Farben

Wind streift über Laub
wirbelnder Blättereigen
zartes Farbenspiel

Einzelne Tropfen
die Blätter verneigen sich
unter dieser Last

Duftende Früchte
verzückender Wohlgeruch
ein Meer von Frische

Leuchtende Schönheit
ein Farbenspiel der Sinne
herbstliche Freuden

LIEDER

Beflügelt von dir
steige ich empor
behütet von deinem mich-lieben
beflügelt von dir
stehe ich wieder auf
denn ich werde getragen von dir

Was auch geschieht
was ich auch tu
wie schwer das Leben auch ist
wenn ich dich rufe
hörst du mir zu
ich fühl mich geborgen und unendlich frei

Federleicht schweb ich
durch Raum und Zeit
ein Gefühl von unendlichem Glück
ich spüre den Wind
und weiß, du bist nicht weit
ich lege mein Leben in deine Hand

Und wenn ich abstürze
dann bist du da
und ich fühle, du bist mir nah
meine Gedanken
werden wieder klar
denn deine Gegenwart strahlt Ruhe aus

Du hast diese Erde so gemacht wie's dir gefällt
ich staune über so viel Fantasie
Ein bunter Regenbogen wie gemalt am Himmelszelt
die warme Sonne und der Mond voll Melancholie
alles auf der Welt trägt deinen Namen, Herr,
diese Welt, die du erschaffen hast, ist schön

Wunderbar, wunderbar
Du bist mir unendlich nah
deine Liebe lässt mich atmen
füllt mein Herz mit Licht
Wunderbar, wunderbar
Du bist immer für mich da
dass ich leben darf zeigt mir, du denkst an mich

All die bunten Blumen, die uns jeden Tag erfreuen
sind Zeichen deiner Schöpfung, die du uns schenkst
und die großen Wälder,
die vielen Flüsse und das Meer
zeugen von der Liebe, mit der du an uns denkst
auf dieser Welt wurde jedes Wesen geformt von dir
deine Kraft, die alles hält, fühl ich in mir

Wunderbar, wunderbar
Du bist mir unendlich nah
deine Liebe lässt mich atmen
füllt mein Herz mit Licht
Wunderbar, wunderbar
Du bist immer für mich da
dass ich lieben kann zeigt mir, du denkst an mich

Ich schau auf zum Himmel, seh' die Sterne über mir
millionenfache Wunder strahlen klar
dann schließ ich die Augen,
fühl den Regen im Gesicht
ich spüre dich mit dem Wind in meinem Haar
ich bin hier, weil du es willst, weil du mich liebst
meine Träume und Gedanken kennst du genau

Wunderbar, wunderbar
Du bist mir unendlich nah
deine Liebe lässt mich atmen
füllt mein Herz mit Licht
Wunderbar, wunderbar
Du bist immer für mich da
wenn ich falle und dich brauche, hältst du mich

Wenn zwei Menschen sich begegnen
nur für einen Augenblick
wenn die Wege sich kreuzen
und man schaut ganz kurz zurück
wenn ein Lächeln dem anderen gilt
dann ist das eine gute Minute

Wenn zwei Freunde sich entzweien
und ein tiefer Streit entbrennt
wenn ein einziges gesprochenes Wort
die Traurigkeit benennt
eine Umarmung sie wieder vereint
dann ist das eine gute Minute

Einzelne Momente
ein kurzes Verweilen
können viel verändern
wenn wir sie teilen

Wenn im Stress des Alltags jeder
nur noch an sich selber denkt
und dann plötzlich jemand vor dir steht
und dir ein Lächeln schenkt
wenn du fühlst, du bist nicht allein
dann ist das eine gute Minute

Ein Blick, ein Wort, ein Wimpernschlag
so viel kann passieren
wir sollten uns begegnen
wir haben nichts zu verlieren

Wenn du meine Hand in deine nimmst
und mich dabei ansiehst
dann vergesse ich alle Sorgen
weil ich weiß, dass du mich liebst
ich würd am liebsten den Augenblick einfrieren
denn es ist die perfekte Minute

Nur für dich
würd ich endlos gehen
nur für dich
ist mir kein Weg zu weit
nur für dich
würd ich die Uhr anhalten
und die Zeiger rückwärts drehen
nur für dich
fang ich die Ewigkeit

Nur mit dir
lauf ich gern durch den Regen
nur mit dir
genieß ich jeden Sonnenstrahl
nur mit dir
da kann ich schweigen
und du weißt trotzdem, was ich mein
nur mit dir
fühl ich mich nie allein

Nur mit dir
kann ich spüren
was Liebe ist
die man nie vergisst

Ohne dich
kann ich nicht ruhig schlafen
ohne dich
find ich keine Ruhe in mir
ohne dich
kann ich zwar atmen,
doch die Zeit verrinnt nur schwer
ohne dich
erscheint mir alles so leer

Nur mit dir
kann ich spüren
was Liebe ist
die man nie vergisst

Nur mit dir
will ich den Tag erleben
nur mit dir
macht alles einen Sinn
nur von dir
fühl ich mich verstanden,
auch wenn du meine Schwächen kennst
nur bei dir
bin ich, wie ich bin

Nur mit dir
kann ich spüren
was Liebe ist
die man nie vergisst

Vorbei

Dein Blick spricht tausend Worte
du schaust an mir vorbei
ich kriege keine Antwort
das ist dir einerlei
Ich hab so viele Fragen
doch du gehst einfach fort

unsere Zeit ist abgelaufen
ich schau dir hinterher
wieviel kann ich ertragen
wann brauche ich dich nicht mehr
wo finde ich meine Zukunft
nicht an diesem Ort

Es ist vorbei – nie mehr
bist du mir nah – so leer
ist mein Tag – wie sehr vermisse ich dich

Die Zeit heilt alle Wunden
so wird es oft erzählt
doch was ist mit den Tagen
an denen man sich quält
mit verletzten Gefühlen
und einem traurigen Lied

mit Narben auf der Seele
versteckt und unerkannt
blindes Vertrauen
das uns einmal verband
verloren im grauen Alltag
vom Zweifel besiegt

Es ist vorbei – nie mehr
bist du mir nah – so leer
ist mein Tag – wie sehr vermisse ich dich

So langsam komm ich zu mir
und finde meinen Weg
ergründe neue Pfade
hoff, dass die Brücke trägt
dem Horizont entgegen
werde ich immer weiter gehen

Es ist vorbei – nie mehr
bist du mir nah – so leer
ist mein Tag – wie sehr vermisse ich dich

Es ist vorbei – nie mehr
geh ich zu dir – es ist schwer
doch ich bin froh – schon so weit gekommen zu sein

Wege gehen

Du stehst nur da und schaust mich lange an
zögernd sagst du dann zu mir:
ich weiß jetzt, dass ich nicht bei dir bleiben kann
weil ich mich sonst selbst verlier
dann gehst du fort, um dich zu finden,
um endlich du zu sein
und ich weiß, das kannst du nur allein

Ich kann nicht deine Wege gehen
du kannst nicht meine Wege gehen
wir können nur unsere eigenen Wege gehen

Ich bin wie gelähmt, was hab ich falsch gemacht?
wollte ich dich viel zu sehr?
manchmal, wenn Liebe nicht atmen kann
dann spürst du sie plötzlich nicht mehr
hab ich dich zu sehr bedrängt,
wünschte ich mir zu viel?
Ich beginne zu verstehen, denn ich fühl:

Ich kann nicht deine Wege gehen
du kannst nicht meine Wege gehen
wir können nur unsere eigenen Wege gehen

Wochen vergehen, ich denk oft an dich
und frage mich, wie's dir wohl geht
ich würd dich gern anrufen, würd dich gern sehen
und hoffe, es ist nicht zu spät
ich hab verstanden, was wichtig ist,
wenn man wirklich liebt
es ist die Freiheit, die man sich gegenseitig gibt

Dann kannst du deine Wege gehen
und ich kann meine Wege gehen
gemeinsam können wir unsere Wege gehen

Jede für sich – und doch nicht allein
so schön kann Liebe wirklich sein

Du kannst deine Wege gehen
ich kann meine Wege gehen
gemeinsam können wir unsere Wege gehen

Fotonachweise

Katharina Moll:
Seiten 11, 29 und 49

Tobias Moll:
Seiten 9, 21, 27, 51, 77, 83, 85 und 87

Christiane Beetz:
Seiten 17, 37, 57, 61, 67, 69, 79, 81, 92 und 102

Christiane Beetz

- Jahrgang 1965
- Germanistin und Religionswissenschaftlerin
- Freiberufliche Referentin und Autorin
- Herausgeberin der Reihe „ReligioSus"
  im Severus-Verlag
- Prädikantin

Buchveröffentlichungen:

„Entdeckungsreisen – Auf den Spuren biblischer
Heldinnen"

„Schattenwandern Lichtdurchstreifen"
Mitautorinnen: Claudia Müllerchen, Daniela
Sechtig

„Kirche trifft Moschee"
Mitautor: Fatih Sahin

„Verwurzelt im Himmel"
Gedichte & Fotografien

„Reformation eines Schuhmachers – Die
Prosadialoge des Hans Sachs"

„Spurensuche – Auf dem Weg mit den unbekannten
Helden der Bibel"